MANTEIGA
FARINHA DE TRIGO
AÇÚCAR

AÇÚCAR
MANTEIGA
FARINHA DE TRIGO

VAMOS FAZER UM BOLO?

TEXTO E ILUSTRAÇÕES DE
RUTH WALTON

Tradução de
Camila Aline Zanon

1ª edição
São Paulo, 2012

Moderna

Todo ano, no meu aniversário, eu vou para a casa da Vovó e nós comemos bolo no lanche da tarde.

Este ano, nós fizemos bolo de chocolate.

Qual é o seu *bolo* preferido?

Vovó tem sua própria receita de bolo de chocolate. Você poderá encontrá-la no final deste livro.

De que ingredientes você acha que é feito o bolo?

Açúcar é o primeiro ingrediente na receita da Vovó. O açúcar pode ser feito a partir de duas plantas diferentes, mas ambas são transformadas em açúcar quase da mesma maneira.

Esta é uma variedade de beterraba: a beterraba-branca. Sua **raiz** pode ser usada para fazer açúcar.

Cultivo

A beterraba-branca se desenvolve bem em regiões do norte da Europa, na América do Norte e na Rússia. Há muitos e muitos anos fazendeiros alimentam seus animais com essa beterraba. Há cerca de 200 anos, as pessoas começaram a fazer açúcar de beterraba-branca.

Esta montanha de beterrabas-brancas será transformada em açúcar.

Esta é a cana-de-açúcar, um tipo de gramínea que pode crescer até 6 metros de altura! Esta planta se desenvolve bem em regiões **tropicais**.

Cultivo

No Brasil, a atividade de acompanhamento do cultivo da cana é realizada por um trabalhador que recebe o nome de cortador de cana.

O cortador de cana tem de esperar pacientemente a cana-de-açúcar crescer. Quando isso acontece, ele corta e vende os pés de cana para uma usina. Nesse lugar, a cana é transformada em açúcar.

Este trabalhador está fazendo o corte manual da cana.

Na usina, a cana-de-açúcar ou a beterraba são lavadas e picadas em pedaços pequenos. Depois, esses pedaços são colocados de molho na água, que fica bem adocicada.

A água adocicada é filtrada e fervida; e assim acaba **evaporando**.

Ela se transforma em um **xarope** espesso, onde começam a se formar **cristais** de açúcar.

Quais desses alimentos são feitos com açúcar?

A água é removida do xarope em uma máquina chamada **centrífuga**.

O açúcar está pronto para ser consumido.

Ele é colocado em pacotes que são levados ao mercado para serem vendidos.

A centrífuga se parece com uma secadora de roupas gigante!

Todos esses alimentos têm açúcar, até mesmo o ketchup e o feijão enlatado.

Chocolate

Doces

Ketchup

O bolo da Vovó é feito com bastante **manteiga**.
A manteiga é feita a partir do leite.

As vacas produzem leite para alimentar seus filhotes.
O filhote da vaca é chamado de bezerro.

Onde vivem as vacas?
Nas cidades do interior, é possível ver vacas pastando nos campos. Durante o inverno, os fazendeiros mantêm as vacas em estábulos. Elas são alimentadas com alguns tipos de grãos e plantas secas.

Depois de separar os bezerros, as vacas podem ser ordenhadas. O leite retirado na ordenha pode ser usado para beber e para produzir **laticínios**.

As bezerras são criadas para produzir leite quando forem adultas. Alguns bezerros são criados para produzir carne, mas outros são **abatidos** ao nascerem.

Você sabe como o leite é transformado em manteiga?

A maioria das vacas é ordenhada duas vezes ao dia, com bombas elétricas de ordenha ou manualmente.

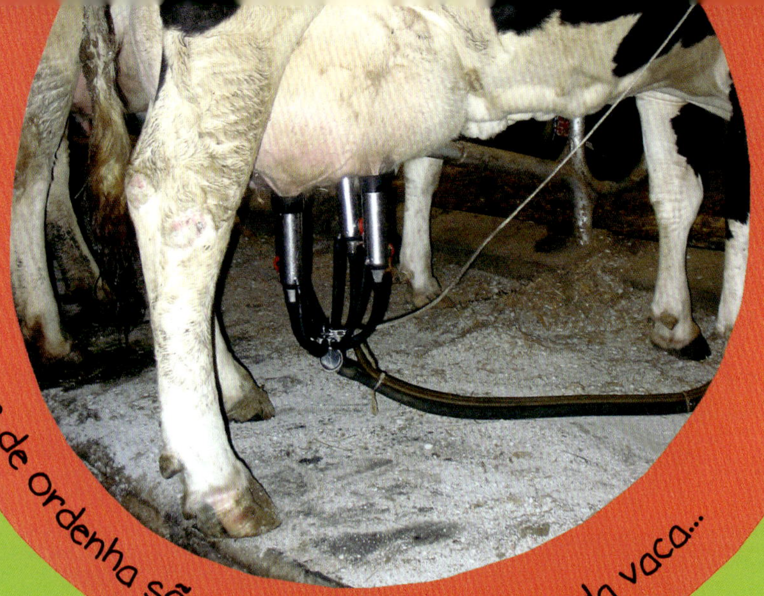

As bombas de ordenha são encaixadas no úbere da vaca...

Uma vaca pode produzir cerca de 30 litros de leite por dia.

O leite é **pasteurizado** e sua gordura é removida. A gordura do leite se chama nata.

... e o leite retirado é transportado por meio de um conjunto de canos.

A nata é transformada em manteiga ao ser batida em uma batedeira.

Dentro da batedeira, a nata se separa em manteiga e **soro**. Geralmente, adiciona-se sal e a manteiga é **comprimida** para que saia a água contida nela.

A manteiga está embalada e pronta para ser vendida.

Sorvete

Iogurte

Queijo

Requeijão

Bebida achocolatada

Todos esses produtos são feitos à base de leite!

O bolo da Vovó leva três ovos. Eles ajudam a dar liga aos ingredientes da receita.

Todas as aves botam ovos, mas as pessoas costumam usar ovos de galinha na alimentação.

As galinhas se alimentam de uma mistura de **grãos**, em que se adicionam vitaminas. Essa mistura é colocada em comedouros especiais que se parecem com chapéus gigantes!

Você sabe de onde vêm os ovos que você come?

Muitas galinhas são mantidas em pequenos viveiros ou em galinheiros durante toda sua vida.

Se na embalagem dos ovos estiver escrito ovos caipiras ou ***orgânicos****, isso significa que as galinhas foram criadas ao ar livre, com maior liberdade para se movimentar.*

As galinhas põem ovos dentro do galinheiro ou viveiro.

Todas as manhãs, os ovos são coletados e avaliados para serem vendidos.

Os ovos rolam para grades que ficam sob o poleiro.

Para a alimentação, os ovos podem ser preparados de muitas maneiras.

Como é preparado o seu ovo preferido?

Um dos principais ingredientes para o bolo de chocolate da Vovó é a farinha de trigo.

Ela é feita a partir dos **grãos** de trigo. O trigo, que também é um tipo de **gramínea**, é cultivado em grande parte do mundo.

Depois que as sementes de trigo são plantadas, brotos verdes começam a se desenvolver.

Quando o trigo foi cultivado pela primeira vez?

Os seres humanos começaram a cultivar o trigo para alimentação há cerca de 10.000 anos. Eles usavam pedras para moer os grãos até virarem farinha. No Brasil, o hábito de moer o trigo chegou com os ***imigrantes****, por volta de 1733.*

No verão, a luz do sol dá uma cor dourada aos pés de trigo. Quando isso acontece, é sinal de que ele está pronto para ser **colhido**.

Os agricultores colhem o trigo usando uma máquina que separa os grãos das hastes, como na ilustração ao lado.

Os grãos de trigo são levados até um **moinho** para serem transformados em farinha. No moinho, os grãos de trigo são esmagados por grandes rolos, que são chamados de moenda (veja a foto ao lado).

O grão de trigo

O trigo moído é peneirado para que a casca seja removida. Na farinha de trigo integral ainda resta um pouco de casca.

A farinha de trigo branca não apresenta restos de casca de semente. Existem farinhas de trigo que já vêm com fermento adicionado.

Vovó usa farinha de trigo com fermento para fazer o bolo de chocolate.

Todos estes alimentos são feitos de trigo.

Pão

Biscoitos

Macarrão

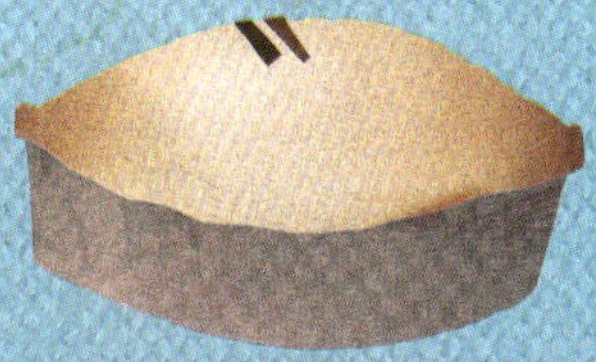

Massa de torta

Cereais

Espaguete

Quando foi a última vez que você comeu algo feito de trigo?

Este é um cacaueiro, árvore que produz um fruto chamado cacau. É com o cacau que se faz chocolate. Vovó usa chocolate em pó para fazer o bolo ficar com gosto de chocolate. Os cacaueiros crescem em florestas tropicais, como as que são encontradas no oeste da África e na América do Sul.

As flores e os frutos crescem direto dos galhos do cacaueiro.

Outros usos do cacau

Além de fazer chocolate, com o cacau também se faz sucos, geleias, vinagre, xaropes usados no preparo de doces, sorvetes e iogurtes. Uma curiosidade interessante: o suco de cacau tem um sabor muito agradável, que se assemelha ao de frutas como bacuri, cupuaçu, graviola, acerola e taperebá.

Flor de cacau

Os cacaueiros produzem flores pequeninas. As flores se desenvolvem e se transformam em frutos que contêm as sementes de cacau.

Frutos de cacau

Os agricultores apanham os frutos e os abrem. Depois, as sementes de cacau são fermentadas e postas para secar ao sol.

Sementes de cacau

Nas fábricas, as sementes são **torradas** e prensadas para separar a **manteiga de cacau**.

Chocolate em pó

As sementes prensadas são moídas até virarem pó, que será usado para fazer chocolate!

Qual é o seu tipo preferido de chocolate?

Ao terminarmos de misturar os ingredientes, colocamos a massa do bolo em uma forma que a Vovó levará ao forno.

Dentro do forno é muito quente. O calor faz a umidade **evaporar** e ajuda a massa do bolo a crescer.

O que faz o bolo crescer?

O fermento é outro tipo de farinha que se mistura à massa do bolo. Com a ajuda do calor do forno, o fermento estimula a formação de pequenas bolhas que ficam presas na massa e fazem o bolo crescer.

Enquanto o bolo está assando, fazemos uma cobertura para colocar sobre ele. Quando o bolo está pronto, Vovó o retira do forno.

Agora o bolo está esfriando e nós limpamos tudo. Quando o bolo estiver frio o suficiente, espalharemos a cobertura por cima... humm, que delícia! O bolo está pronto!

Que tipo de bolo você gostaria de fazer?

De onde vem tudo isso?

Olhe os símbolos no mapa e descubra de onde vêm os ingredientes usados no bolo.

Trigo

Beterraba-branca

Cana-de-açúcar

Cacau

Qual ingrediente é cultivado mais perto de onde você vive?

Galinhas e vacas são criadas em todos os continentes, exceto na Antártica, onde é muito frio!

Eis aqui a receita do bolo de chocolate da Vovó!

Você vai precisar de cerca de duas horas e da ajuda de um adulto.

Comece procurando todos estes ingredientes na cozinha:

Ingredientes para a massa:

2 xícaras de açúcar
2 ou 3 ovos
2 xícaras de farinha de trigo com fermento
1 colher de sopa de fermento em pó
1 xícara de chocolate em pó
um pouco mais de 1/2 xícara de manteiga
1 xícara de água fervendo

Ingredientes para a cobertura:

3 colheres de sopa de **açúcar de confeiteiro**
3 colheres de sopa de manteiga
3 colheres de sopa de leite
1/2 xícara de chocolate em pó

Peça para um adulto acender o forno à temperatura de 200 °C. Peneire a farinha de trigo e o chocolate em pó e coloque-os em uma tigela. Misture-os com uma colher de madeira.

Quebre os ovos com cuidado na tigela e misture-os também. Continue mexendo até que a massa fique clara. Acrescente a manteiga, o fermento e por último a água fervendo. Mexa até que a massa esteja bem lisa e brilhante!

Unte uma forma de 20 cm espalhando uma pequena quantidade de manteiga por todo o seu interior. Coloque a mistura dentro da forma. **Peça a um adulto para colocá-la no forno, e depois para tirá-la.** Leva cerca de 45 minutos para assar.

Para fazer a cobertura, basta colocar todos os ingredientes numa panela e levar ao fogo até começar a engrossar. Espalhe a cobertura sobre o bolo frio com uma espátula.

Glossário

Abatido morto.

Açúcar de confeiteiro açúcar bem fino usado para cobertura de bolo.

Centrífuga máquina usada para secar o açúcar.

Colheita ato de apanhar alimentos, quando já estão prontos para serem consumidos.

Comprimida prensada, apertada.

Cristal pedrinha de açúcar.

Embrião parte da semente que dá origem a uma nova planta.

Endosperma parte da semente de trigo que reserva alimento.

Evaporar passagem lenta da água da forma líquida para a forma de vapor.

Filtragem processo usado para separar sólidos de líquidos.

Gramínea grupo de plantas de grande importância econômica para o ser humano. Dele fazem parte plantas como o bambu, o milho, o trigo, o centeio, a aveia, o arroz e os mais diversos tipos de capim.

Grão entre outros significados, é o nome dado às sementes comestíveis de plantas como o arroz, o feijão, a soja, o milho, o trigo.

Imigrantes pessoas que vieram de outros países.

Laticínio alimento feito a partir do leite.

Manteiga de cacau gordura extraída das sementes de cacau, usada para fazer alimentos e cosméticos.

Moinho lugar onde o trigo é transformado em farinha.

Orgânico cultivado sem produtos químicos.

Pasteurização processo usado no preparo de alguns produtos alimentícios. Durante esse processo, sob a ação do calor, são destruídos determinados microrganismos.

Poleiro armação onde as aves se sentam.

Raiz parte de uma planta que fica, geralmente, dentro do solo.

Soro parte líquida do leite que é retirada quando se faz a manteiga.

Torrar assar ou cozinhar até ficar bem seco; tostar.

Tropical relacionado ou situado em região quente do planeta.

Úbere teta; parte do corpo da vaca de onde se retira o leite.

Xarope líquido espesso e grudento.

Moderna

COORDENAÇÃO EDITORIAL: Lisabeth Bansi
ASSISTÊNCIA EDITORIAL: Paula Coelho
COORDENAÇÃO DE PRODUÇÃO GRÁFICA: Dalva Fumiko N. Muramatsu
CONSULTORIA: Geslie Cruz
TRADUÇÃO: Camila Aline Zanon
COORDENAÇÃO DE EDIÇÃO DE ARTE: Camila Fiorenza
DIAGRAMAÇÃO: Cristina Uetake
ILUSTRAÇÕES: Ruth Walton
COORDENAÇÃO DE REVISÃO: Elaine Cristina del Nero
REVISÃO: Luís M. Boa Nova, Maristela S. Carrasco
COORDENAÇÃO DE *BUREAU*: Américo Jesus
PRÉ-IMPRESSÃO: Helio P. de Souza Filho, Marcio Hideyuki Kamoto
COORDENAÇÃO DE PRODUÇÃO INDUSTRIAL: Wilson Aparecido Troque
IMPRESSÃO E ACABAMENTO: Atrativa Gráfica e Editora

Créditos das fotos: I Stock Photo: 16 (Madeleine Openshaw), 17 (Susan Trigg), 18 (Gabriel Eckert), 19 (George Clerk), 22 (Karen Merryweather), 24 (Jason Gulledge), 24 (ideeone), 25 (Kevin Russ).
Schutterstock: 16 (Gail Johnson).

Dados Internacionais de Catalogação na Publicação (CIP)
(Câmara Brasileira do Livro, SP, Brasil)

Walton, Ruth
Vamos fazer um bolo? / texto e ilustrações de Ruth Walton ; tradução de Camila Aline Zanon.
1. ed. — São Paulo : Moderna, 2012. —
(Série descobertas)

Título original: *Let's bake a cake*
ISBN 978-85-16-07107-3

1. Bolos (Culinária) — Literatura infantojuvenil
2. Bolos (Ingredientes) — Literatura infantojuvenil
3. Literatura infantojuvenil I. Título. II. Série.

11-11992 CDD-028.5

Índices para catálogo sistemático:
1. Bolos : Culinária : Literatura infantojuvenil 028.5
2. Bolos : Ingredientes : Literatura infantojuvenil 028.5

EDITORA MODERNA LTDA.
Rua Padre Adelino, 758 - Belenzinho
São Paulo - SP - Brasil - CEP 03303-904
Vendas e Atendimento: Tel. (11) 2790-1300
Fax (11) 2790-1501
www.modernaliteratura.com.br
2012
Impresso no Brasil

AÇÚCAR
MANTEIGA
FARINHA DE TRIGO

AÇÚCAR
MANTEIGA
FARINHA DE TRIGO